TRANZLATY
El idioma es para todos
اللغة للجميع

La Bella y la Bestia

الجمال والوحش

Gabrielle-Suzanne Barbot de Villeneuve

Español / العربية

Copyright © 2025 Tranzlaty
All rights reserved
Published by Tranzlaty
ISBN: 978-1-80572-070-6
Original text by Gabrielle-Suzanne Barbot de Villeneuve
La Belle et la Bête
First published in French in 1740
Taken from The Blue Fairy Book (Andrew Lang)
Illustration by Walter Crane
www.tranzlaty.com

Había una vez un rico comerciante

كان هناك ذات يوم تاجر ثري

Este rico comerciante tuvo seis hijos.

كان لهذا التاجر الغني ستة أطفال

Tenía tres hijos y tres hijas.

كان لديه ثلاثة أبناء وثلاث بنات

No escatimó en gastos para su educación

لم يدخر أي جهد في سبيل تعليمهم

Porque era un hombre sensato

لأنه كان رجلاً عاقلاً

pero dio a sus hijos muchos siervos

ولكنه أعطى أولاده العديد من الخدم

Sus hijas eran extremadamente bonitas

كانت بناته جميلات للغاية

Y su hija menor era especialmente bonita.

وكانت ابنته الصغرى جميلة بشكل خاص

Desde niña ya admiraban su belleza

عندما كانت طفلة كان جمالها محل إعجاب بالفعل

y la gente la llamaba por su belleza

وكان الناس يسمونها بجمالها

Su belleza no se desvaneció a medida que envejecía.

لم يذبل جمالها مع تقدمها في السن

Así que la gente seguía llamándola por su belleza.

فكان الناس ينادونها بجمالها

Esto puso muy celosas a sus hermanas.

وهذا جعل أخواتها يشعرن بالغيرة الشديدة

Las dos hijas mayores tenían mucho orgullo.

كانت ابنتي الأكبر سنا تتمتعان بقدر كبير من الفخر

Su riqueza era la fuente de su orgullo.

ثروتهم كانت مصدر فخرهم

y tampoco ocultaron su orgullo

ولم يخفوا كبريائهم أيضًا

No visitaron a las hijas de otros comerciantes.

ولم يزوروا بنات التجار الآخرين

Porque sólo se encuentran con la aristocracia.

لأنهم لا يلتقون إلا بالأرستقراطية
Salían todos los días a fiestas.
كانوا يخرجون كل يوم إلى الحفلات
bailes, obras de teatro, conciertos, etc.
الكرات والمسرحيات والحفلات الموسيقية وما إلى ذلك
y se rieron de su hermana menor
وضحكوا على أختهم الصغرى
Porque pasaba la mayor parte del tiempo leyendo
لأنها قضت معظم وقتها في القراءة
Era bien sabido que eran ricos
وكان معروفا أنهم أثرياء
Así que varios comerciantes eminentes pidieron su mano.
لذلك تقدم العديد من التجار البارزين بطلباتهم
pero dijeron que no se iban a casar
لكنهم قالوا أنهم لن يتزوجوا
Pero estaban dispuestos a hacer algunas excepciones.
لكنهم كانوا مستعدين لعمل بعض الاستثناءات
"Quizás podría casarme con un duque"
"ربما أستطيع الزواج من دوق"
"Supongo que podría casarme con un conde"
"أعتقد أنني أستطيع الزواج من إيرل"
Bella agradeció muy civilizadamente a quienes le propusieron matrimonio.
شكرت الجميلة بكل أدب أولئك الذين تقدموا لها
Ella les dijo que todavía era demasiado joven para casarse.
قالت لهم أنها مازالت صغيرة على الزواج
Ella quería quedarse unos años más con su padre.
أرادت البقاء مع والدها لبضع سنوات أخرى
De repente el comerciante perdió su fortuna.
فجأة خسر التاجر ثروته
Lo perdió todo excepto una pequeña casa de campo.
لقد فقد كل شيء باستثناء منزل ريفي صغير
Y con lágrimas en los ojos les dijo a sus hijos:
وقال لأولاده والدموع في عينيه :

"Tenemos que ir al campo"
"يجب علينا أن نذهب إلى الريف "
"y debemos trabajar para vivir"
"ويجب علينا أن نعمل من أجل معيشتنا "
Las dos hijas mayores no querían abandonar el pueblo.
لم ترغب الابنتان الأكبران في مغادرة المدينة
Tenían varios amantes en la ciudad.
كان لديهم العديد من العشاق في المدينة
y estaban seguros de que uno de sus amantes se casaría con ellos
وكانوا متأكدين من أن أحد عشاقهم سيتزوجهم
Pensaban que sus amantes se casarían con ellos incluso sin fortuna.
ظنوا أن عشاقهم سيتزوجون منهم حتى لو لم يكن لديهم ثروة
Pero las buenas damas estaban equivocadas.
لكن السيدات الطيبات أخطأن
Sus amantes los abandonaron muy rápidamente
أحبائهم تخلى عنهم بسرعة كبيرة
porque ya no tenían fortuna
لأنهم لم يعد لديهم ثروات
Esto demostró que en realidad no eran muy queridos.
أظهر هذا أنهم لم يكونوا محبوبين في الواقع
Todos dijeron que no merecían compasión.
قال الجميع أنهم لا يستحقون الشفقة
"Nos alegra ver su orgullo humillado"
"نحن سعداء برؤية كبريائهم متواضعًا "
"Que se sientan orgullosos de ordeñar vacas"
"فليفتخروا بحلب الأبقار "
Pero estaban preocupados por Bella.
لكنهم كانوا مهتمين بالجمال
Ella era una criatura tan dulce
لقد كانت مخلوقة لطيفة للغاية
Ella hablaba tan amablemente a la gente pobre.
لقد تحدثت بلطف شديد مع الفقراء
Y ella era de una naturaleza tan inocente.

وكانت ذات طبيعة بريئة
Varios caballeros se habrían casado con ella.
كان من الممكن أن يتزوجها العديد من السادة
Se habrían casado con ella aunque fuera pobre
كانوا ليتزوجوها حتى لو كانت فقيرة
pero ella les dijo que no podía casarlos
لكنها أخبرتهم أنها لا تستطيع الزواج منهم
porque ella no dejaría a su padre
لأنها لن تترك والدها
Ella estaba decidida a ir con él al campo.
كانت عازمة على الذهاب معه إلى الريف
para que ella pudiera consolarlo y ayudarlo
حتى تتمكن من مواساته ومساعدته
La pobre belleza estaba muy triste al principio.
لقد حزنت الجميلة المسكينة كثيرًا في البداية
Ella estaba afligida por la pérdida de su fortuna.
لقد حزنت على فقدان ثروتها
"Pero llorar no cambiará mi suerte"
"ولكن البكاء لن يغير من حظي "
"Debo intentar ser feliz sin riquezas"
"يجب أن أحاول أن أجعل نفسي سعيدًا بدون ثروة "
Llegaron a su casa de campo
لقد جاءوا إلى منزلهم الريفي
y el comerciante y sus tres hijos se dedicaron a la agricultura
والتاجر وأبناؤه الثلاثة اشتغلوا بالزراعة
Bella se levantó a las cuatro de la mañana.
وردة الجمال في الرابعة صباحا
y se apresuró a limpiar la casa
وسارعت لتنظيف البيت
y se aseguró de que la cena estuviera lista
وتأكدت من أن العشاء جاهز
Al principio encontró su nueva vida muy difícil.
في البداية وجدت حياتها الجديدة صعبة للغاية
porque no estaba acostumbrada a ese tipo de trabajo

لأنها لم تكن معتادة على مثل هذا العمل

Pero en menos de dos meses se hizo más fuerte.

لكن في أقل من شهرين أصبحت أقوى

Y ella estaba más sana que nunca.

وكانت أكثر صحة من أي وقت مضى

Después de haber hecho su trabajo, leyó

بعد أن انتهت من عملها قرأت

Ella tocaba el clavicémbalo

لقد لعبت على القيثارة

o cantaba mientras hilaba seda

أو غنت وهي تغزل الحرير

Por el contrario, sus dos hermanas no sabían cómo pasar el tiempo.

على العكس من ذلك، لم تعرف شقيقتاها كيف تقضيان وقتهما

Se levantaron a las diez y no hicieron nada más que holgazanear todo el día.

استيقظوا في الساعة العاشرة ولم يفعلوا شيئًا سوى الاسترخاء طوال اليوم

Lamentaron la pérdida de sus hermosas ropas.

لقد حزنوا على فقدان ملابسهم الجميلة

y se quejaron de perder a sus conocidos

واشتكوا من فقدان معارفهم

"Mirad a nuestra hermana menor", se dijeron.

"انظروا إلى أختنا الصغرى "قالوا لبعضهم البعض

"¡Qué criatura tan pobre y estúpida es!"

"يا لها من مخلوقة فقيرة وغبية "

"Es mezquino contentarse con tan poco"

"من السيء أن ترضى بالقليل "

El amable comerciante tenía una opinión muy diferente.

كان للتاجر اللطيف رأي مختلف تمامًا

Él sabía muy bien que Bella eclipsaba a sus hermanas.

كان يعلم جيدًا أن الجمال يتفوق على أخواتها

Ella los eclipsó tanto en carácter como en mente.

لقد تفوقت عليهم في الشخصية والعقل

Él admiraba su humildad y su arduo trabajo.

لقد أعجب بتواضعها وعملها الجاد

Pero sobre todo admiraba su paciencia.
لكن أكثر ما أعجبه هو صبرها

Sus hermanas le dejaron todo el trabajo por hacer.
تركت لها أخواتها كل العمل لتقوم به

y la insultaban a cada momento
وأهانوها في كل لحظة

La familia había vivido así durante aproximadamente un año.
عاشت العائلة على هذا النحو لمدة عام تقريبًا

Entonces el comerciante recibió una carta de un contable.
ثم حصل التاجر على رسالة من المحاسب

Tenía una inversión en un barco.
كان لديه استثمار في سفينة

y el barco había llegado sano y salvo
وقد وصلت السفينة بسلامة

Esta noticia hizo que las dos hijas mayores se volvieran locas.
لقد حرك هذا الخبر رؤوس ابنتيهما الأكبر سنا

Inmediatamente tuvieron esperanzas de regresar a la ciudad.
كان لديهم على الفور أمل في العودة إلى المدينة

Porque estaban bastante cansados de la vida en el campo.
لأنهم كانوا متعبين جدًا من الحياة الريفية

Fueron a ver a su padre cuando él se iba.
ذهبوا إلى أبيهم وهو يغادر

Le rogaron que les comprara ropa nueva
توسلوا إليه أن يشتري لهم ملابس جديدة

Vestidos, cintas y todo tipo de cositas.
الفساتين والشرائط وجميع أنواع الأشياء الصغيرة

Pero Bella no pedía nada.
لكن الجمال لم يطلب شيئا

Porque pensó que el dinero no sería suficiente.
لأنها اعتقدت أن المال لن يكون كافيا

No habría suficiente para comprar todo lo que sus hermanas querían.

لن يكون هناك ما يكفي لشراء كل ما تريده أخواتها
- ¿Qué te gustaría, Bella? -preguntó su padre.
"ماذا تريدين يا جميلة؟ "سأل والدها
"Gracias, padre, por la bondad de pensar en mí", dijo.
"شكرًا لك يا أبي على حسن تفكيرك بي"، قالت
"Padre, ten la amabilidad de traerme una rosa"
"أبي، كن لطيفًا واحضر لي وردة "
"Porque aquí en el jardín no crecen rosas"
"لأن الورود لا تنمو هنا في الحديقة "
"y las rosas son una especie de rareza"
"والورود نوع من الندرة "
A Bella realmente no le importaban las rosas
الجمال لم يهتم بالورود حقًا
Ella solo pidió algo para no condenar a sus hermanas.
لقد طلبت فقط شيئا لا تدين به أخواتها
Pero sus hermanas pensaron que ella pidió rosas por otros motivos.
لكن أخواتها اعتقدن أنها طلبت الورود لأسباب أخرى
"Lo hizo sólo para parecer especial"
"لقد فعلت ذلك فقط لتبدو مميزة "
El hombre amable continuó su viaje.
ذهب الرجل الطيب في رحلته
pero cuando llego discutieron sobre la mercancia
ولكن عندما وصل تجادلوا حول البضاعة
Y después de muchos problemas volvió tan pobre como antes.
وبعد الكثير من المتاعب عاد فقيرًا كما كان من قبل
Estaba a un par de horas de su propia casa.
كان على بعد بضع ساعات من منزله
y ya imaginaba la alegría de ver a sus hijos
وقد تخيل بالفعل فرحة رؤية أطفاله
pero al pasar por el bosque se perdió
ولكن عندما مر عبر الغابة فقد ضل طريقه
Llovió y nevó terriblemente
لقد هطلت الأمطار والثلوج بشدة

El viento era tan fuerte que lo arrojó del caballo.
كانت الرياح قوية لدرجة أنها ألقته من فوق حصانه
Y la noche se acercaba rápidamente
وكان الليل قادمًا بسرعة
Empezó a pensar que podría morir de hambre.
بدأ يفكر أنه قد يموت جوعاً
y pensó que podría morir congelado
وظن أنه قد يتجمد حتى الموت
y pensó que los lobos podrían comérselo
وظن أن الذئاب قد تأكله
Los lobos que oía aullar a su alrededor
الذئاب التي سمعها تعوي من حوله
Pero de repente vio una luz.
ولكن فجأة رأى ضوءًا
Vio la luz a lo lejos entre los árboles.
لقد رأى الضوء من مسافة بعيدة من خلال الأشجار
Cuando se acercó vio que la luz era un palacio.
عندما اقترب رأى أن الضوء كان قصرًا
El palacio estaba iluminado de arriba a abajo.
تم إضاءة القصر من الأعلى إلى الأسفل
El comerciante agradeció a Dios por su suerte.
شكر التاجر الله على حظه
y se apresuró a ir al palacio
وأسرع إلى القصر
Pero se sorprendió al no ver gente en el palacio.
ولكنه فوجئ بعدم وجود أي شخص في القصر
El patio estaba completamente vacío.
كانت ساحة المحكمة فارغة تماما
y no había señales de vida en ninguna parte
ولم يكن هناك أي علامة على الحياة في أي مكان
Su caballo lo siguió hasta el palacio.
وتبعه حصانه إلى القصر
y luego su caballo encontró un gran establo
ثم وجد حصانه اسطبلًا كبيرًا
El pobre animal estaba casi muerto de hambre.

كان الحيوان المسكين جائعا تقريبا
Entonces su caballo fue a buscar heno y avena.
فذهب حصانه للبحث عن التبن والشوفان
Afortunadamente encontró mucho para comer.
لحسن الحظ أنه وجد الكثير ليأكله
y el mercader ató su caballo al pesebre
وربط التاجر حصانه في المذود
Caminando hacia la casa no vio a nadie.
كان يمشي نحو المنزل ولم ير أحدا
Pero en un gran salón encontró un buen fuego.
ولكن في قاعة كبيرة وجد نار جيدة
y encontró una mesa puesta para uno
ووجد مائدة معدة لشخص واحد
Estaba mojado por la lluvia y la nieve.
كان مبللاً من المطر والثلج
Entonces se acercó al fuego para secarse.
فذهب إلى النار ليجفف نفسه
"Espero que el dueño de la casa me disculpe"
"أتمنى أن يعذرني صاحب البيت "
"Supongo que no tardará mucho en aparecer alguien"
"أعتقد أنه لن يستغرق الأمر وقتًا طويلاً حتى يظهر شخص ما "
Esperó un tiempo considerable
لقد انتظر وقتا طويلا
Esperó hasta que dieron las once y todavía no venía nadie.
انتظر حتى دقت الساعة الحادية عشرة، ولم يأت أحد .
Al final tenía tanta hambre que no podía esperar más.
في النهاية كان جائعًا جدًا لدرجة أنه لم يعد قادرًا على الانتظار
Tomó un poco de pollo y se lo comió en dos bocados.
أخذ بعض الدجاج وأكله في لقمتين
Estaba temblando mientras comía la comida.
كان يرتجف أثناء تناول الطعام
Después de esto bebió unas copas de vino.
وبعد ذلك شرب بضعة أكواب من النبيذ
Cada vez más valiente, salió del salón.

أصبح أكثر شجاعة وخرج من القاعة
y atravesó varios grandes salones
وعبر عبر العديد من القاعات الكبرى
Caminó por el palacio hasta llegar a una cámara.
سار في القصر حتى وصل إلى غرفة
Una habitación que tenía una cama muy buena.
غرفة بها سرير جيد للغاية
Estaba muy fatigado por su terrible experiencia.
لقد كان مرهقًا جدًا من محنته
Y ya era pasada la medianoche
وكان الوقت قد تجاوز منتصف الليل بالفعل
Entonces decidió que era mejor cerrar la puerta.
لذلك قرر أنه من الأفضل إغلاق الباب
y concluyó que debía irse a la cama
وقرر أنه يجب أن يذهب إلى السرير
Eran las diez de la mañana cuando el comerciante se despertó.
كانت الساعة العاشرة صباحًا عندما استيقظ التاجر
Justo cuando iba a levantarse vio algo
عندما كان على وشك النهوض رأى شيئًا
Se sorprendió al ver un conjunto de ropa limpia.
لقد اندهش عندما رأى مجموعة من الملابس النظيفة
En el lugar donde había dejado su ropa sucia.
في المكان الذي ترك فيه ملابسه المتسخة
"Seguramente este palacio pertenece a algún tipo de hada"
"من المؤكد أن هذا القصر ينتمي إلى نوع من الجنيات "
" Un hada que me ha visto y se ha compadecido de mí"
"جنية رأتني وأشفقت علي "
Miró por una ventana
لقد نظر من خلال النافذة
Pero en lugar de nieve vio el jardín más delicioso.
ولكن بدلاً من الثلج رأى الحديقة الأكثر روعة
Y en el jardín estaban las rosas más hermosas.
وفي الحديقة كانت أجمل الورود

Luego regresó al gran salón.

ثم عاد إلى القاعة الكبرى

El salón donde había tomado sopa la noche anterior.

القاعة التي تناول فيها الحساء في الليلة السابقة

y encontró un poco de chocolate en una mesita

ووجد بعض الشوكولاتة على طاولة صغيرة

"Gracias, buena señora hada", dijo en voz alta.

"شكرًا لك، سيدتي الجنية الطيبة"، قال بصوت عالٍ

"Gracias por ser tan cariñoso"

"شكرا لك على اهتمامك الكبير "

"Le estoy sumamente agradecido por todos sus favores"

"أنا ممتن جدًا لك على كل خدماتك "

El hombre amable bebió su chocolate.

الرجل الطيب شرب الشوكولاتة

y luego fue a buscar su caballo

ثم ذهب للبحث عن حصانه

Pero en el jardín recordó la petición de Bella.

ولكن في الحديقة تذكر طلب الجمال

y cortó una rama de rosas

وقطع غصن الورد

Inmediatamente oyó un gran ruido

فسمع على الفور ضجة عظيمة

y vio una bestia terriblemente espantosa

ورأى وحشًا مخيفًا للغاية

Estaba tan asustado que estaba a punto de desmayarse.

لقد كان خائفا للغاية لدرجة أنه كان على وشك الإغماء

-Eres muy desagradecido -le dijo la bestia.

"أنت جاحد جدًا "قال له الوحش

Y la bestia habló con voz terrible

وتكلم الوحش بصوت رهيب

"Te he salvado la vida al permitirte entrar en mi castillo"

"لقد أنقذت حياتك بالسماح لك بالدخول إلى قلعتي "

"¿Y a cambio me robas mis rosas?"

"و لهذا تسرق الورود مني في المقابل؟ "

"Las rosas que valoro más que nada"

"الورود التي أقدرها أكثر من أي شيء"
"Pero morirás por lo que has hecho"
"ولكنك سوف تموت بسبب ما فعلته"
"Sólo te doy un cuarto de hora para que te prepares"
"أعطيك ربع ساعة فقط لتحضير نفسك"
"Prepárate para la muerte y di tus oraciones"
"جهز نفسك للموت وقل صلواتك"
El comerciante cayó de rodillas
سقط التاجر على ركبتيه
y alzó ambas manos
ورفع كلتا يديه
"Mi señor, le ruego que me perdone"
"سيدي أرجوك أن تسامحني"
"No tuve intención de ofenderte"
"لم يكن لدي أي نية لإهانتك"
"Recogí una rosa para una de mis hijas"
"جمعت وردة لإحدى بناتي"
"Ella me pidió que le trajera una rosa"
"طلبت مني أن أحضر لها وردة"
-No soy tu señor, pero soy una bestia -respondió el monstruo.
"أنا لست سيدك، بل أنا وحش"، أجاب الوحش.
"No me gustan los cumplidos"
"أنا لا أحب المجاملات"
"Me gusta la gente que habla como piensa"
"أنا أحب الأشخاص الذين يتحدثون كما يفكرون"
"No creas que me puedo conmover con halagos"
"لا أتصور أنني يمكن أن أتأثر بالمجاملة"
"Pero dices que tienes hijas"
"ولكنك تقول أن لديك بنات"
"Te perdonaré con una condición"
"سأسامحك بشرط واحد"
"Una de tus hijas debe venir voluntariamente a mi palacio"
"يجب على إحدى بناتك أن تأتي إلى قصري طوعًا"

"y ella debe sufrir por ti"

"ولابد أن تعاني من أجلك "

"Déjame tener tu palabra"

"دعني أحصل على كلمتك "

"Y luego podrás continuar con tus asuntos"

"وبعد ذلك يمكنك أن تذهب إلى عملك "

"Prométeme esto:"

"وعدني بهذا ":

"Si tu hija se niega a morir por ti, deberás regresar dentro de tres meses"

"إذا رفضت ابنتك أن تموت من أجلك، فيجب عليك العودة خلال ثلاثة أشهر "

El comerciante no tenía intenciones de sacrificar a sus hijas.

لم يكن لدى التاجر أي نية للتضحية ببناته

Pero, como le habían dado tiempo, quiso volver a ver a sus hijas.

لكن بما أنه حصل على الوقت، أراد أن يرى بناته مرة أخرى

Así que prometió que volvería.

فوعد بأنه سيعود

Y la bestia le dijo que podía partir cuando quisiera.

فقال له الوحش أنه يستطيع الانطلاق عندما يشاء

y la bestia le dijo una cosa más

وقال له الوحش شيئا آخر

"No te irás con las manos vacías"

"لن تغادر خالي الوفاض "

"Vuelve a la habitación donde yacías"

"ارجع إلى الغرفة التي ترقد فيها "

"Verás un gran cofre del tesoro vacío"

"سوف ترى صندوق كنز كبير فارغ "

"Llena el cofre del tesoro con lo que más te guste"

"املأ صندوق الكنز بما تفضله "

"y enviaré el cofre del tesoro a tu casa"

"وسأرسل صندوق الكنز إلى منزلك "

Y al mismo tiempo la bestia se retiró.

وفي نفس الوقت انسحب الوحش

"Bueno", se dijo el buen hombre.

"حسنًا، "قال الرجل الصالح لنفسه

"Si tengo que morir, al menos dejaré algo a mis hijos"

"إذا كان لا بد لي من الموت، فسوف أترك شيئًا لأطفالي على الأقل "

Así que regresó al dormitorio.

فعاد إلى حجرة النوم

y encontró una gran cantidad de piezas de oro

ووجد قطعًا كثيرة من الذهب

Llenó el cofre del tesoro que la bestia había mencionado.

ملأ صندوق الكنز الذي ذكره الوحش

y sacó su caballo del establo

وأخرج حصانه من الإسطبل

La alegría que sintió al entrar al palacio ahora era igual al dolor que sintió al salir de él.

لقد كانت الفرحة التي شعر بها عند دخول القصر تعادل الحزن الذي شعر به عند مغادرته .

El caballo tomó uno de los caminos del bosque.

أخذ الحصان أحد طرق الغابة

Y en pocas horas el buen hombre estaba en casa.

وفي غضون ساعات قليلة كان الرجل الصالح في منزله

Sus hijos vinieron a él

جاء إليه أولاده

Pero en lugar de recibir sus abrazos con placer, los miró.

ولكن بدلاً من أن يستقبلهم بكل سرور، نظر إليهم

Levantó la rama que tenía en sus manos.

رفع الفرع الذي كان بين يديه

y luego estalló en lágrimas

ثم انفجر بالبكاء

"Belleza", dijo, "por favor toma estas rosas".

"يا جميلة، "قال،" من فضلك خذي هذه الورود "

"No puedes saber lo costosas que han sido estas rosas"

"لا يمكنك أن تعرف كم كانت تكلفة هذه الورود "

"Estas rosas le han costado la vida a tu padre"

"هذه الورود كلفت والدك حياته "

Y luego contó su fatal aventura.

ثم تحدث عن مغامرته المميتة

Inmediatamente las dos hermanas mayores gritaron.

على الفور صرخت الأختان الأكبر سنا

y le dijeron muchas cosas malas a su hermosa hermana

وقالوا الكثير من الأشياء السيئة لأختهم الجميلة

Pero Bella no lloró en absoluto.

ولكن الجمال لم يبكي على الإطلاق

"Mirad el orgullo de ese pequeño desgraciado", dijeron.

"انظروا إلى كبرياء هذا الوغد الصغير "قالوا

"ella no pidió ropa fina"

" لم تطلب ملابس جميلة "

"Ella debería haber hecho lo que hicimos"

" كان ينبغي لها أن تفعل ما فعلناه "

"ella quería distinguirse"

" أرادت أن تميز نفسها "

"Así que ahora ella será la muerte de nuestro padre"

" لذلك الآن سوف تكون موت والدنا "

"Y aún así no derrama ni una lágrima"

" ومع ذلك فهي لا تذرف دمعة "

"¿Por qué debería llorar?" respondió Bella

"لماذا أبكي؟ "أجابت الجميلة

"Llorar sería muy innecesario"

" البكاء سيكون بلا داعٍ "

"mi padre no sufrirá por mí"

" لن يعاني والدي من أجلي "

"El monstruo aceptará a una de sus hijas"

" الوحش سوف يقبل بواحدة من بناته "

"Me ofreceré a toda su furia"

" سأقدم نفسي لكل غضبه "

"Estoy muy feliz, porque mi muerte salvará la vida de mi padre"

" أنا سعيد جدًا لأن موتي سينقذ حياة والدي "

"mi muerte será una prueba de mi amor"

"موتي سيكون دليلا على حبي "

-No, hermana -dijeron sus tres hermanos.

"لا يا أختي "قال إخوتها الثلاثة

"Eso no será"

"هذا لن يكون "

"Iremos a buscar al monstruo"

"سنذهب للبحث عن الوحش "

"y o lo matamos..."

"وإما أن نقتله "...

"...o pereceremos en el intento"

..."أو سنهلك في المحاولة "

"No imaginéis tal cosa, hijos míos", dijo el mercader.

"لا تتخيلوا مثل هذا الأمر يا أبنائي "قال التاجر

"El poder de la bestia es tan grande que no tengo esperanzas de que puedas vencerlo"

"قوة الوحش عظيمة لدرجة أنني لا أملك أي أمل في أن تتمكن من التغلب عليه "

"Estoy encantado con la amable y generosa oferta de Bella"

"أنا مفتون بالعرض الجميل والكريم "

"pero no puedo aceptar su generosidad"

"لكنني لا أستطيع أن أقبل كرمها "

"Soy viejo y no me queda mucho tiempo de vida"

"أنا عجوز، وليس لدي وقت طويل للعيش "

"Así que sólo puedo perder unos pocos años"

"لذا لا أستطيع أن أخسر سوى بضع سنوات "

"Tiempo que lamento por vosotros, mis queridos hijos"

"الوقت الذي أندم عليه من أجلكم يا أبنائي الأعزاء "

"Pero padre", dijo Bella

"ولكن يا أبي "قال الجمال

"No irás al palacio sin mí"

"لن تذهب إلى القصر بدوني "

"No puedes impedir que te siga"

"لا يمكنك منعي من متابعتك "

Nada podría convencer a Bella de lo contrario.

لا شيء يمكن أن يقنع الجمال بخلاف ذلك

Ella insistió en ir al bello palacio.

أصرت على الذهاب إلى القصر الجميل

y sus hermanas estaban encantadas con su insistencia

وفرح أخواتها بإصرارها

El comerciante estaba preocupado ante la idea de perder a su hija.

كان التاجر قلقًا من فكرة فقدان ابنته

Estaba tan preocupado que se había olvidado del cofre lleno de oro.

لقد كان قلقًا للغاية لدرجة أنه نسي الصندوق المليء بالذهب

Por la noche se retiró a descansar y cerró la puerta de su habitación.

وفي الليل ذهب للراحة وأغلق باب غرفته

Entonces, para su gran asombro, encontró el tesoro junto a su cama.

ثم، إلى دهشته الكبيرة، وجد الكنز بجانب سريره

Estaba decidido a no contárselo a sus hijos.

لقد كان مصمما على عدم إخبار أطفاله

Si lo supieran, hubieran querido regresar al pueblo.

لو علموا لأرادوا العودة إلى المدينة

y estaba decidido a no abandonar el campo

وكان عازما على عدم مغادرة الريف

Pero él confió a Bella el secreto.

لكنه وثق بالجمال في السر

Ella le informó que dos caballeros habían llegado.

فأخبرته أن رجلين قد جاءا

y le hicieron propuestas a sus hermanas

وقدموا لها عروض الزواج من أخواتها

Ella le rogó a su padre que consintiera su matrimonio.

توسلت إلى والدها أن يوافق على زواجهما

y ella le pidió que les diera algo de su fortuna

وطلبت منه أن يعطيهم بعضًا من ثروته

Ella ya los había perdonado.

لقد سامحتهم بالفعل

Las malvadas criaturas se frotaron los ojos con cebollas.

فركت المخلوقات الشريرة عيونها بالبصل
Para forzar algunas lágrimas cuando se separaron de su hermana.
لإجبارهم على البكاء عندما انفصلوا عن أختهم
Pero sus hermanos realmente estaban preocupados.
لكن إخوتها كانوا قلقين حقًا
Bella fue la única que no derramó ninguna lágrima.
كان الجمال هو الوحيد الذي لم يذرف أي دموع
Ella no quería aumentar su malestar.
لم تكن تريد أن تزيد من قلقهم
El caballo tomó el camino directo al palacio.
اتخذ الحصان الطريق المباشر إلى القصر
y hacia la tarde vieron el palacio iluminado
وفي المساء رأوا القصر المضاء
El caballo volvió a entrar solo en el establo.
عاد الحصان إلى الإسطبل مرة أخرى
Y el buen hombre y su hija entraron en el gran salón.
ودخل الرجل الصالح وابنته إلى القاعة الكبرى
Aquí encontraron una mesa espléndidamente servida.
هنا وجدوا طاولة تم تقديمها بشكل رائع
El comerciante no tenía apetito para comer
لم يكن لدى التاجر شهية للأكل
Pero Bella se esforzó por parecer alegre.
لكن الجمال سعى إلى الظهور بمظهر مبهج
Ella se sentó a la mesa y ayudó a su padre.
جلست على الطاولة وساعدت والدها
Pero también pensó para sí misma:
لكنها فكرت في نفسها أيضًا :
"La bestia seguramente quiere engordarme antes de comerme"
"إن الوحش يريد بالتأكيد أن يسمنني قبل أن يأكلني "
"Por eso ofrece tanto entretenimiento"
"لهذا السبب فهو يقدم مثل هذا القدر الوفير من الترفيه "
Después de haber comido oyeron un gran ruido.
وبعد أن أكلوا سمعوا ضجيجا عظيما

Y el comerciante se despidió de su desdichado hijo con lágrimas en los ojos.

ويودع التاجر ابنه البائس والدموع في عينيه

Porque sabía que la bestia venía

لأنه كان يعلم أن الوحش قادم

Bella estaba aterrorizada por su horrible forma.

لقد كان الجمال مرعوبًا من شكله البشع

Pero ella tomó coraje lo mejor que pudo.

لكنها استجمعت شجاعتها قدر استطاعتها

Y el monstruo le preguntó si venía voluntariamente.

وسألها الوحش هل جاءت طوعا

-Sí, he venido voluntariamente -dijo temblando.

"نعم لقد أتيت طوعا" قالت وهي ترتجف

La bestia respondió: "Eres muy bueno"

فأجابه الوحش" أنت جيد جدًا "

"Y te lo agradezco mucho, hombre honesto"

"وأنا ممتن لك كثيرًا أيها الرجل الصادق "

"Continuad vuestro camino mañana por la mañana"

"اذهب في طريقك غدًا صباحًا "

"Pero nunca pienses en venir aquí otra vez"

"ولكن لا تفكر في المجيء إلى هنا مرة أخرى "

"Adiós bella, adiós bestia", respondió.

"وداعًا أيها الجمال، وداعًا أيها الوحش"، أجاب

Y de inmediato el monstruo se retiró.

وعلى الفور انسحب الوحش

"Oh, hija", dijo el comerciante.

"يا ابنتي "قال التاجر

y abrazó a su hija una vez más

وعانق ابنته مرة أخرى

"Estoy casi muerto de miedo"

"أنا خائفة حتى الموت تقريبًا "

"Créeme, será mejor que regreses"

صدقني، من الأفضل أن تعود

"déjame quedarme aquí, en tu lugar"

"دعني أبقى هنا، بدلاً منك "

—No, padre —dijo Bella con tono decidido.

"لا يا أبي "قالت الجميلة بنبرة حازمة

"Partirás mañana por la mañana"

"سوف تنطلق غدًا صباحًا "

"déjame al cuidado y protección de la providencia"

"اتركني لرعاية وحماية العناية الإلهية "

Aún así se fueron a la cama

ومع ذلك ذهبوا إلى السرير

Pensaron que no cerrarían los ojos en toda la noche.

ظنوا أنهم لن يغلقوا أعينهم طوال الليل

pero justo cuando se acostaron se durmieron

ولكن عندما استلقوا ناموا

Bella soñó que una bella dama se acercó y le dijo:

حلمت الجميلة أن سيدة جميلة جاءت وقالت لها :

"Estoy contento, bella, con tu buena voluntad"

"أنا راضٍ يا جميلتي عن حسن إرادتك "

"Esta buena acción tuya no quedará sin recompensa"

"إن هذا العمل الصالح لن يذهب سدى "

Bella se despertó y le contó a su padre su sueño.

استيقظت الجميلة وأخبرت والدها بحلمها

El sueño ayudó a consolarlo un poco.

لقد ساعده الحلم على التعزية قليلاً

Pero no pudo evitar llorar amargamente mientras se marchaba.

ولكنه لم يستطع أن يمنع نفسه من البكاء بمرارة وهو يغادر

Tan pronto como se fue, Bella se sentó en el gran salón y lloró también.

بمجرد رحيله، جلست الجميلة في القاعة الكبرى وبكت أيضًا

Pero ella decidió no sentirse inquieta.

لكنها قررت ألا تشعر بالقلق

Ella decidió ser fuerte por el poco tiempo que le quedaba de vida.

قررت أن تكون قوية في الوقت القليل المتبقي لها من الحياة

Porque creía firmemente que la bestia la comería.

لأنها كانت تعتقد اعتقادا راسخا أن الوحش سوف يأكلها

Sin embargo, pensó que también podría explorar el palacio.

ومع ذلك، فقد اعتقدت أنها قد تستكشف القصر أيضًا

y ella quería ver el hermoso castillo

وأرادت أن ترى القلعة الجميلة

Un castillo que no pudo evitar admirar.

قلعة لم تستطع إلا الإعجاب بها

Era un palacio deliciosamente agradable.

لقد كان قصرًا جميلًا وممتعًا

y ella se sorprendió muchísimo al ver una puerta

وكانت مندهشة للغاية عندما رأت الباب

Y sobre la puerta estaba escrito que era su habitación.

وكان مكتوبا على الباب أنها غرفتها

Ella abrió la puerta apresuradamente

فتحت الباب بسرعة

y ella quedó completamente deslumbrada con la magnificencia de la habitación.

وكانت مبهورة تمامًا بروعة الغرفة

Lo que más le llamó la atención fue una gran biblioteca.

ما لفت انتباهها بشكل رئيسي هو مكتبة كبيرة

Un clavicémbalo y varios libros de música.

قيثارة والعديد من الكتب الموسيقية

"Bueno", se dijo a sí misma.

"حسنًا "قالت لنفسها

"Veo que la bestia no dejará que mi tiempo cuelgue pesadamente"

"أرى أن الوحش لن يترك وقتي معلقًا بثقله "

Entonces reflexionó sobre su situación.

ثم فكرت في نفسها بشأن وضعها

"Si me hubiera quedado un día, todo esto no estaría aquí"

"لو كان من المفترض أن أبقى يومًا واحدًا فلن يكون كل هذا هنا "

Esta consideración le inspiró nuevo coraje.

ألهمها هذا الاعتبار بشجاعة جديدة

y tomó un libro de su nueva biblioteca

وأخذت كتابًا من مكتبتها الجديدة

y leyó estas palabras en letras doradas:
وقرأت هذه الكلمات بأحرف من ذهب :
"Bienvenida Bella, destierra el miedo"
"مرحبا بالجمال، نفي الخوف "
"Eres reina y señora aquí"
"أنت الملكة والسيده هنا "
"Di tus deseos, di tu voluntad"
"تحدث عن رغباتك، تحدث عن إرادتك "
"Aquí la obediencia rápida cumple tus deseos"
"الطاعة السريعة تلبي رغباتك هنا "
"¡Ay!", dijo ella con un suspiro.
"آه، "قالت وهي تتنهد
"Lo que más deseo es ver a mi pobre padre"
"أكثر ما أتمنى أن أرى والدي المسكين "
"y me gustaría saber qué está haciendo"
"وأريد أن أعرف ماذا يفعل "
Tan pronto como dijo esto se dio cuenta del espejo.
بمجرد أن قالت هذا لاحظت المرآة
Para su gran asombro, vio su propia casa en el espejo.
لقد كانت دهشتها عظيمة عندما رأت منزلها في المرآة
Su padre llegó emocionalmente agotado.
وصل والدها منهكًا عاطفيًا
Sus hermanas fueron a recibirlo
ذهبت أخواتها لمقابلته
A pesar de sus intentos de parecer tristes, su alegría era visible.
على الرغم من محاولاتهم للظهور بمظهر الحزين، إلا أن فرحتهم كانت واضحة .
Un momento después todo desapareció
وبعد لحظة اختفى كل شيء
Y las aprensiones de Bella también desaparecieron.
واختفت مخاوف الجمال أيضًا
porque sabía que podía confiar en la bestia
لأنها كانت تعلم أنها تستطيع أن تثق بالوحش
Al mediodía encontró la cena lista.

وفي الظهيرة وجدت العشاء جاهزا

Ella se sentó a la mesa

جلست على الطاولة

y se entretuvo con un concierto de música

واستمتعت بحفل موسيقي

Aunque no podía ver a nadie

على الرغم من أنها لم تستطع رؤية أي شخص

Por la noche se sentó a cenar otra vez

وفي الليل جلست لتناول العشاء مرة أخرى

Esta vez escuchó el ruido que hizo la bestia.

هذه المرة سمعت صوت الوحش

y ella no pudo evitar estar aterrorizada

ولم تستطع أن تمنع نفسها من الخوف

"belleza", dijo el monstruo

"الجمال "قال الوحش

"¿Me permites comer contigo?"

هل تسمح لي بتناول الطعام معك؟

"Haz lo que quieras", respondió Bella temblando.

"افعل ما يحلو لك "أجابت الجميلة وهي ترتجف

"No", respondió la bestia.

"لا "أجاب الوحش

"Sólo tú eres la señora aquí"

" أنت وحدك السيدة هنا "

"Puedes despedirme si soy problemático"

" يمكنك أن ترسلني بعيدًا إذا كنت مزعجًا "

"Despídeme y me retiraré inmediatamente"

" أرسلني بعيدًا وسوف أنسحب على الفور "

-Pero dime, ¿no te parece que soy muy fea?

" ولكن أخبرني، هل لا تعتقد أنني قبيح جدًا؟ "

"Eso es verdad", dijo Bella.

"هذا صحيح "قالت الجميلة

"No puedo decir una mentira"

" لا أستطيع أن أقول كذبة "

"Pero creo que tienes muy buen carácter"

" لكنني أعتقد أنك طيب القلب جدًا "

"Sí, lo soy", dijo el monstruo.

"أنا كذلك بالفعل "قال الوحش

"Pero aparte de mi fealdad, tampoco tengo sentido"

"ولكن بصرف النظر عن قبحى، ليس لدي أي إحساس أيضًا "

"Sé muy bien que soy una criatura tonta"

"أنا أعلم جيدًا أنني مخلوق سخيف "

—No es ninguna locura pensar así —replicó Bella.

"ليس من الحماقة أن نفكر بهذه الطريقة "أجابت الجميلة

"Come entonces, bella", dijo el monstruo.

"كل إذن يا جميلتي "قال الوحش

"Intenta divertirte en tu palacio"

"حاول أن تسلي نفسك في قصرك "

"Todo aquí es tuyo"

"كل شيء هنا لك "

"Y me sentiría muy incómodo si no fueras feliz"

"وسأكون قلقًا جدًا إذا لم تكن سعيدًا "

-Eres muy servicial -respondió Bella.

"أنت متعاون للغاية "أجابت الجميلة

"Admito que estoy complacido con su amabilidad"

"أعترف أنني مسرور بلطفك "

"Y cuando considero tu bondad, apenas noto tus deformidades"

"وعندما أفكر في لطفك، بالكاد ألاحظ تشوهاتك "

"Sí, sí", dijo la bestia, "mi corazón es bueno".

"نعم، نعم، "قال الوحش،" قلبي طيب

"Pero aunque soy bueno, sigo siendo un monstruo"

"لكن على الرغم من أنني جيد، إلا أنني لا أزال وحشًا "

"Hay muchos hombres que merecen ese nombre más que tú"

"هناك العديد من الرجال الذين يستحقون هذا الاسم أكثر منك "

"Y te prefiero tal como eres"

"وأنا أفضلك كما أنت "

"y te prefiero más que a aquellos que esconden un corazón ingrato"

"وأنا أفضلك على الذين يخفون قلبا لا يشكرون "

"Si tuviera algo de sentido común", respondió la bestia.

"لو كان لدي بعض العقل" أجاب الوحش

"Si tuviera sentido común, te haría un buen cumplido para agradecerte"

"لو كان لدي عقل لأقدم لك مجاملة رائعة لأشكرك "

"Pero soy tan aburrida"

"لكنني ممل جدًا "

"Sólo puedo decir que le estoy muy agradecido"

"لا أستطيع إلا أن أقول إنني ممتن لك كثيرًا "

Bella comió una cena abundante

تناولت الجميلة عشاءً شهيًا

y ella casi había superado su miedo al monstruo

وكانت قد تغلبت تقريبًا على خوفها من الوحش

Pero ella quería desmayarse cuando la bestia le hizo la siguiente pregunta.

لكنها أرادت أن تغمى عليها عندما سألها الوحش السؤال التالي

"Belleza, ¿quieres ser mi esposa?"

"جميلتي هل تقبلين أن تكوني زوجتي؟ "

Ella tardó un tiempo antes de poder responder.

استغرق الأمر بعض الوقت قبل أن تتمكن من الإجابة

Porque tenía miedo de hacerlo enojar

لأنها كانت خائفة من إغضابها

Al final, sin embargo, dijo: "No, bestia".

وفي النهاية قالت" لا يا وحش "

Inmediatamente el pobre monstruo silbó muy espantosamente.

على الفور أطلق الوحش المسكين هسهسة مخيفة للغاية

y todo el palacio hizo eco

والقصر كله يردد

Pero Bella pronto se recuperó de su susto.

لكن الجمال سرعان ما تعافت من خوفها

porque la bestia volvió a hablar con voz triste

لأن الوحش تحدث مرة أخرى بصوت حزين

"Entonces adiós, belleza"

"ثم وداعا يا جمال "

y sólo se volvía de vez en cuando

ولم يرجع إلا من حين لآخر

mirarla mientras salía

لينظر إليها وهو يخرج

Ahora Bella estaba sola otra vez

الآن أصبح الجمال وحيدا مرة أخرى

Ella sintió mucha compasión

لقد شعرت بقدر كبير من التعاطف

"Ay, es una lástima"

"يا للأسف، إنه لأمر مؤسف"

"algo tan bueno no debería ser tan feo"

"أي شيء طيب القلب لا ينبغي أن يكون قبيحًا جدًا"

Bella pasó tres meses muy contenta en palacio.

قضت الجميلة ثلاثة أشهر سعيدة جدًا في القصر

Todas las noches la bestia le hacía una visita.

كل مساء كان الوحش يزورها

y hablaron durante la cena

وتحدثوا أثناء العشاء

Hablaban con sentido común

لقد تحدثوا بالفطرة السليمة

Pero no hablaban con lo que la gente llama ingenio.

لكنهم لم يتحدثوا بما يسميه الناس بالذكاء

Bella siempre descubre algún carácter valioso en la bestia.

الجمال يكتشف دائمًا بعض السمات القيمة في الوحش

y ella se había acostumbrado a su deformidad

وقد اعتادت على تشوهه

Ella ya no temía el momento de su visita.

لم تعد تخشى موعد زيارته

Ahora a menudo miraba su reloj.

الآن كانت تنظر إلى ساعتها كثيرًا

y ella no podía esperar a que fueran las nueve en punto

ولم تستطع الانتظار حتى تصبح الساعة التاسعة

Porque la bestia nunca dejaba de venir a esa hora

لأن الوحش لم يتأخر عن المجيء في تلك الساعة

Sólo había una cosa que preocupaba a Bella.

لم يكن هناك سوى شيء واحد يتعلق بالجمال

Todas las noches antes de irse a dormir la bestia le hacía la misma pregunta.

كل ليلة قبل أن تذهب إلى السرير كان الوحش يسألها نفس السؤال

El monstruo le preguntó si sería su esposa.

سألها الوحش هل ستكون زوجته

Un día ella le dijo: "bestia, me pones muy nerviosa"

ذات يوم قالت له" أيها الوحش، أنت تجعلني أشعر بالقلق الشديد "

"Me gustaría poder consentir en casarme contigo"

"أتمنى أن أتمكن من الموافقة على الزواج منك "

"Pero soy demasiado sincero para hacerte creer que me casaría contigo"

"لكنني صادقة جدًا بحيث لا أستطيع أن أجعلك تصدق أنني سأتزوجك "

"nuestro matrimonio nunca se realizará"

"زواجنا لن يتم ابدًا "

"Siempre te veré como un amigo"

"سوف أراك دائمًا كصديق "

"Por favor, trate de estar satisfecho con esto"

"من فضلك حاول أن تكون راضيًا بهذا "

"Debo estar satisfecho con esto", dijo la bestia.

"يجب أن أكون راضيًا بهذا "قال الوحش

"Conozco mi propia desgracia"

"أنا أعرف سوء حظي "

"pero te amo con el más tierno cariño"

"لكنني أحبك بأحر المشاعر "

"Sin embargo, debo considerarme feliz"

"ومع ذلك، ينبغي لي أن أعتبر نفسي سعيدًا "

"Y me alegraría que te quedaras aquí"

"وسأكون سعيدًا لأنك ستبقى هنا "

"Prométeme que nunca me dejarás"

"وعدني أن لا تتركني أبدًا "

Bella se sonrojó ante estas palabras.

احمر وجه الجمال عند سماع هذه الكلمات

Un día Bella se estaba mirando en el espejo.

ذات يوم كانت الجمال تنظر في مرآتها

Su padre se había preocupado muchísimo por ella.

كان والدها قلقًا عليها للغاية

Ella anhelaba verlo de nuevo más que nunca.

لقد كانت تتوق لرؤيته مرة أخرى أكثر من أي وقت مضى

"Podría prometerte que nunca te abandonaré por completo"

"أستطيع أن أعدك بأنني لن أتركك أبدًا"

"Pero tengo un deseo tan grande de ver a mi padre"

"لكن لدي رغبة كبيرة في رؤية والدي"

"Me molestaría muchísimo si dijeras que no"

"سوف أكون مستاءً للغاية إذا قلت لا"

"Preferiría morir yo mismo", dijo el monstruo.

"أفضل أن أموت بنفسي" قال الوحش

"Prefiero morir antes que hacerte sentir incómodo"

"أفضل أن أموت بدلًا من أن أجعلك تشعر بالقلق"

"Te enviaré con tu padre"

"سأرسلك إلى أبيك"

"permanecerás con él"

"سوف تبقى معه"

"y esta desafortunada bestia morirá de pena en su lugar"

"وسيموت هذا الوحش التعيس حزنًا بدلًا من ذلك"

"No", dijo Bella, llorando.

"لا" قالت الجميلة باكية

"Te amo demasiado para ser la causa de tu muerte"

"أنا أحبك كثيرًا لدرجة أنني لا أستطيع أن أكون سبب موتك"

"Te doy mi promesa de regresar en una semana"

"أعدك بالعودة خلال أسبوع"

"Me has demostrado que mis hermanas están casadas"

"لقد أظهرت لي أن أخواتي متزوجات"

"y mis hermanos se han ido al ejército"

"وأخوتي ذهبوا إلى الجيش"

"déjame quedarme una semana con mi padre, ya que está solo"

"دعني أبقى مع والدي لمدة أسبوع، فهو وحيد"

"Estarás allí mañana por la mañana", dijo la bestia.

"ستكون هناك غدًا في الصباح"، قال الوحش
"pero recuerda tu promesa"
"ولكن تذكر وعدك "
"Solo tienes que dejar tu anillo sobre una mesa antes de irte a dormir"
"كل ما عليك فعله هو وضع خاتمك على الطاولة قبل الذهاب إلى السرير "
"Y luego serás traído de regreso antes de la mañana"
"ثم ترجعون قبل الصباح "
"Adiós querida belleza", suspiró la bestia.
"وداعًا يا عزيزتي الجميلة "تنهد الوحش
Bella se fue a la cama muy triste esa noche.
ذهبت الجميلة إلى السرير حزينة جدًا تلك الليلة
Porque no quería ver a la bestia tan preocupada.
لأنها لم ترغب في رؤية الوحش قلقًا للغاية
A la mañana siguiente se encontró en la casa de su padre.
وفي صباح اليوم التالي وجدت نفسها في منزل والدها
Ella hizo sonar una campanita junto a su cama.
لقد قرعت جرسًا صغيرًا بجانب سريرها
y la criada dio un grito fuerte
وأطلقت الخادمة صرخة عالية
y su padre corrió escaleras arriba
وركض والدها إلى الطابق العلوي
Él pensó que iba a morir de alegría.
كان يعتقد أنه سيموت فرحًا
La sostuvo en sus brazos durante un cuarto de hora.
لقد احتضنها بين ذراعيه لمدة ربع ساعة
Finalmente los primeros saludos terminaron.
في النهاية انتهت التحية الأولى
Bella empezó a pensar en levantarse de la cama.
بدأت الجمال تفكر في الخروج من السرير
pero se dio cuenta de que no había traído ropa
لكنها أدركت أنها لم تحضر أي ملابس
pero la criada le dijo que había encontrado una caja
لكن الخادمة قالت لها أنها وجدت صندوقا
El gran baúl estaba lleno de vestidos y batas.

كان الصندوق الكبير مليئا بالفساتين والعباءات

Cada vestido estaba cubierto de oro y diamantes.

كان كل ثوب مغطى بالذهب والماس

Bella agradeció a la Bestia por su amable atención.

شكرت الجميلة الوحش على رعايته الطيبة

y tomó uno de los vestidos más sencillos

وأخذت واحدة من أبسط الفساتين

Ella tenía la intención de regalar los otros vestidos a sus hermanas.

كانت تنوي إعطاء الفساتين الأخرى لأخواتها

Pero ante ese pensamiento el arcón de ropa desapareció.

ولكن في تلك اللحظة اختفى صندوق الملابس

La bestia había insistido en que la ropa era solo para ella.

أصر الوحش على أن الملابس كانت لها فقط

Su padre le dijo que ese era el caso.

أخبرها والدها أن هذا هو الحال

Y enseguida volvió el baúl de la ropa.

وعلى الفور عادت خزانة الملابس مرة أخرى

Bella se vistió con su ropa nueva

ارتدت الجميلة ملابسها الجديدة

Y mientras tanto las doncellas fueron a buscar a sus hermanas.

وفي هذه الأثناء ذهبت الخادمات للبحث عن أخواتها

Ambas hermanas estaban con sus maridos.

وكانت أختاها مع زوجيهما

Pero sus dos hermanas estaban muy infelices.

لكن أختيها كانتا غير سعيدتين للغاية

Su hermana mayor se había casado con un caballero muy guapo.

تزوجت أختها الكبرى من رجل وسيم للغاية

Pero estaba tan enamorado de sí mismo que descuidó a su esposa.

ولكنه كان يحب نفسه كثيرًا لدرجة أنه أهمل زوجته

Su segunda hermana se había casado con un hombre ingenioso.

تزوجت أختها الثانية من رجل ذكي

Pero usó su ingenio para atormentar a la gente.

ولكنه استخدم ذكائه لتعذيب الناس

Y atormentaba a su esposa sobre todo.

وكان يعذب زوجته أكثر من أي شيء آخر

Las hermanas de Bella la vieron vestida como una princesa

رأت أخوات الجميلة أنها ترتدي ملابس مثل الأميرة

y se enfermaron de envidia

فأصابهم الحسد

Ahora estaba más bella que nunca

الآن أصبحت أكثر جمالا من أي وقت مضى

Su comportamiento cariñoso no pudo sofocar sus celos.

لم يتمكن سلوكها الحنون من تهدئة غيرتهم

Ella les contó lo feliz que estaba con la bestia.

قالت لهم كم كانت سعيدة بالوحش

y sus celos estaban a punto de estallar

وكانت غيرتهم على وشك الانفجار

Bajaron al jardín a llorar su desgracia.

نزلوا إلى الحديقة يبكون على مصيبتهم

"¿En qué sentido esta pequeña criatura es mejor que nosotros?"

"بأي طريقة يكون هذا المخلوق الصغير أفضل منا؟ "

"¿Por qué debería estar mucho más feliz?"

"لماذا يجب أن تكون أكثر سعادة؟ "

"Hermana", dijo la hermana mayor.

"أختي "قالت الأخت الكبرى

"Un pensamiento acaba de golpear mi mente"

"فكرة خطرت ببالي للتو "

"Intentemos mantenerla aquí más de una semana"

"دعونا نحاول إبقاءها هنا لأكثر من أسبوع "

"Quizás esto enfurezca al tonto monstruo"

"ربما هذا سوف يثير غضب الوحش السخيف "

"porque ella hubiera faltado a su palabra"

"لأنها كانت ستخالف وعدها "

"y entonces podría devorarla"

"وبعد ذلك قد يلتهمها "

"Esa es una gran idea", respondió la otra hermana.

"هذه فكرة رائعة "أجابت الأخت الأخرى

"Debemos mostrarle la mayor amabilidad posible"

"يجب علينا أن نظهر لها أكبر قدر ممكن من اللطف "

Las hermanas tomaron esta resolución

الأخوات اتخذن هذا القرار

y se comportaron con mucho cariño con su hermana

وكانوا يتصرفون مع أختهم بلطف شديد

La pobre belleza lloró de alegría por toda su bondad.

بكت الجميلة الفقيرة من الفرح بسبب كل لطفهم

Cuando la semana se cumplió, lloraron y se arrancaron el pelo.

عندما انتهى الأسبوع، بكوا ومزقوا شعرهم

Parecían muy apenados por separarse de ella.

لقد بدوا حزينين جدًا لفراقها

y Bella prometió quedarse una semana más

ووعد الجمال بالبقاء لمدة أسبوع أطول

Mientras tanto, Bella no pudo evitar reflexionar sobre sí misma.

في هذه الأثناء، لم تستطع الجمال أن تتوقف عن التفكير في نفسها

Ella se preocupaba por lo que le estaba haciendo a la pobre bestia.

كانت قلقة بشأن ما كانت تفعله للوحش المسكين

Ella sabía que lo amaba sinceramente.

إنها تعلم أنها أحبته بصدق

Y ella realmente anhelaba verlo otra vez.

وكانت تتوق حقا لرؤيته مرة أخرى

La décima noche también la pasó en casa de su padre.

الليلة العاشرة التي قضتها في منزل والدها أيضًا

Ella soñó que estaba en el jardín del palacio.

حلمت أنها في حديقة القصر

y soñó que veía a la bestia extendida sobre la hierba

وحلمت أنها رأت الوحش ممتدا على العشب

Parecía reprocharle con voz moribunda
بدا وكأنه يوبخها بصوت يحتضر
y la acusó de ingratitud
واتهمها بالجحود
Bella se despertó de su sueño.
استيقظت الجميلة من نومها
y ella estalló en lágrimas
وانفجرت في البكاء
"¿No soy muy malvado?"
"هل أنا لست شريرة جدًّا؟ "
"¿No fue cruel de mi parte actuar tan cruelmente con la bestia?"
"ألم يكن من القسوة من جانبي أن أتصرف بمثل هذه القسوة تجاه الوحش؟ "
"La bestia hizo todo lo posible para complacerme"
"الوحش فعل كل شيء لإرضائي "
-¿Es culpa suya que sea tan feo?
"هل هو خطؤه أنه قبيح جدًّا؟ "
¿Es culpa suya que tenga tan poco ingenio?
"هل هو خطؤه أنه لديه القليل من الذكاء؟ "
"Él es amable y bueno, y eso es suficiente"
"إنه طيب وطيب وهذا يكفي "
"¿Por qué me negué a casarme con él?"
لماذا رفضت الزواج منه؟
"Debería estar feliz con el monstruo"
"يجب أن أكون سعيدًا بالوحش "
"Mira los maridos de mis hermanas"
"أنظر إلى أزواج أخواتي "
"ni el ingenio ni la belleza los hacen buenos"
"لا الذكاء ولا المظهر الجيد يجعلهم جيدين "
"Ninguno de sus maridos las hace felices"
"لا أحد من أزواجهن يسعدهن "
"pero virtud, dulzura de carácter y paciencia"
"لكن الفضيلة وحسن الخلق والصبر "
"Estas cosas hacen feliz a una mujer"
"هذه الأشياء تجعل المرأة سعيدة "

"y la bestia tiene todas estas valiosas cualidades"
"والوحش لديه كل هذه الصفات القيمة "
"Es cierto; no siento la ternura del afecto por él"
"هذا صحيح؛ فأنا لا أشعر بحنان المودة تجاهه "
"Pero encuentro que tengo la más alta gratitud por él"
"لكنني أجد أنني أشعر بالامتنان الشديد له "
"y tengo por él la más alta estima"
"وأنا أقدره تقديرا عاليا "
"y él es mi mejor amigo"
"وهو أفضل صديق لي "
"No lo haré miserable"
"لن أجعله بائسًا "
"Si fuera tan desagradecido nunca me lo perdonaría"
"لو كنت جاحدًا إلى هذا الحد فلن أسامح نفسي أبدًا "
Bella puso su anillo sobre la mesa.
وضعت الجميلة خاتمها على الطاولة
y ella se fue a la cama otra vez
وذهبت إلى السرير مرة أخرى
Apenas estaba en la cama cuando se quedó dormida.
لم تكن في السرير قبل أن تغفو
Ella se despertó de nuevo a la mañana siguiente.
استيقظت مرة أخرى في الصباح التالي
Y ella estaba muy contenta de encontrarse en el palacio de la bestia.
وكانت في غاية السعادة عندما وجدت نفسها في قصر الوحش
Ella se puso uno de sus vestidos más bonitos para complacerlo.
ارتدت أحد أجمل فساتينها لإرضائه
y ella esperó pacientemente la tarde
وانتظرت المساء بصبر
llegó la hora deseada
جاءت الساعة المرجوة
El reloj dio las nueve, pero ninguna bestia apareció
دقت الساعة التاسعة، ولكن لم يظهر أي وحش
Bella entonces temió haber sido la causa de su muerte.

ثم خافت الجميلة أن تكون سبب وفاته

Ella corrió llorando por todo el palacio.

ركضت وهي تبكي في كل أنحاء القصر

Después de haberlo buscado por todas partes, recordó su sueño.

بعد أن بحثت عنه في كل مكان، تذكرت حلمها

y ella corrió hacia el canal en el jardín

وركضت إلى القناة في الحديقة

Allí encontró a la pobre bestia tendida.

هناك وجدت الوحش المسكين ممددًا

y estaba segura de que lo había matado

وكانت متأكدة أنها قتلته

Ella se arrojó sobre él sin ningún temor.

ألقت بنفسها عليه دون أي خوف

Su corazón todavía latía

كان قلبه لا يزال ينبض

Ella fue a buscar un poco de agua al canal.

لقد جلبت بعض الماء من القناة

y derramó el agua sobre su cabeza

وصبّت الماء على رأسه

La bestia abrió los ojos y le habló a Bella.

فتح الوحش عينيه وتحدث إلى الجمال

"Olvidaste tu promesa"

"لقد نسيت وعدك "

"Me rompió el corazón haberte perdido"

"لقد كنت حزينًا جدًا لفقدك "

"Resolví morirme de hambre"

"لقد قررت أن أجوع نفسي "

"pero tengo la felicidad de verte una vez más"

"لكنني أشعر بالسعادة لرؤيتك مرة أخرى "

"Así tengo el placer de morir satisfecho"

"لذلك لدي متعة الموت راضيا "

"No, querida bestia", dijo Bella, "no debes morir".

"لا يا عزيزي الوحش"، قالت الجميلة," لا يجب أن تموت "

"Vive para ser mi marido"

"أعيش لكي أكون زوجي "
"Desde este momento te doy mi mano"
"من هذه اللحظة أعطيك يدي "
"Y juro no ser nadie más que tuyo"
"وأنا أقسم أن لا أكون إلا لك "
"¡Ay! Creí que sólo tenía una amistad para ti"
"آه إكنت أعتقد أن لدي صداقة معك فقط "
"Pero el dolor que ahora siento me convence;"
"لكن الحزن الذي أشعر به الآن يقنعني"؛
"No puedo vivir sin ti"
"لا أستطيع العيش بدونك "

Bella apenas había dicho estas palabras cuando vio una luz.

كانت الجميلة النادره قد قالت هذه الكلمات عندما رأت الضوء

El palacio brillaba con luz

كان القصر يتلألأ بالضوء

Los fuegos artificiales iluminaron el cielo

الألعاب النارية أضاءت السماء

y el aire se llenó de música

والهواء مملوء بالموسيقى

Todo daba aviso de algún gran acontecimiento

كل شيء أعطى إشعارًا بحدث عظيم

Pero nada podía captar su atención.

ولكن لا شيء يمكن أن يلفت انتباهها

Ella se volvió hacia su querida bestia.

التفتت إلى وحشها العزيز

La bestia por la que ella temblaba de miedo

الوحش الذي ارتجفت خوفا منه

¡Pero su sorpresa fue grande por lo que vio!

لكن مفاجأتها كانت عظيمة مما رأته !

La bestia había desaparecido

لقد اختفى الوحش

En cambio, vio al príncipe más encantador.

بدلا من ذلك رأت الأمير الأجمل

Ella había puesto fin al hechizo.

لقد وضعت حدا للتعويذة
Un hechizo bajo el cual se parecía a una bestia.
تعويذة كان يشبه فيها الوحش
Este príncipe era digno de toda su atención.
كان هذا الأمير يستحق كل اهتمامها
Pero no pudo evitar preguntar dónde estaba la bestia.
لكنها لم تستطع إلا أن تسأل أين الوحش؟
"Lo ves a tus pies", dijo el príncipe.
"أنت تراه عند قدميك "قال الأمير
"Un hada malvada me había condenado"
"لقد أدانتني جنية شريرة "
"Debía permanecer en esa forma hasta que una hermosa princesa aceptara casarse conmigo"
"لقد كان من المفترض أن أظل على هذا الشكل حتى وافقت أميرة جميلة على الزواج مني "
"El hada ocultó mi entendimiento"
"لقد أخفت الجنية فهمي "
"Fuiste el único lo suficientemente generoso como para quedar encantado con la bondad de mi temperamento"
"لقد كنت الشخص الوحيد الكريم بما يكفي لكي يسحر بطيبة مزاجي "
Bella quedó felizmente sorprendida
لقد تفاجأت الجمال بسعادة
Y le dio la mano al príncipe encantador.
وأعطت الأمير الساحر يدها
Entraron juntos al castillo
لقد ذهبوا معا إلى القلعة
Y Bella se alegró mucho al encontrar a su padre en el castillo.
وسعدت الجميلة عندما وجدت والدها في القلعة
y toda su familia estaba allí también
وكانت عائلتها بأكملها هناك أيضًا
Incluso Bella dama que apareció en su sueño estaba allí.
حتى السيدة الجميلة التي ظهرت في حلمها كانت هناك
"Belleza", dijo la dama del sueño.
"الجمال "قالت السيدة من الحلم

"ven y recibe tu recompensa"
"تعال واحصل على مكافأتك "
"Has preferido la virtud al ingenio o la apariencia"
"لقد فضلت الفضيلة على الذكاء أو المظهر "
"Y tú mereces a alguien en quien se unan estas cualidades"
"وأنت تستحق شخصًا تتحد فيه هذه الصفات "
"vas a ser una gran reina"
"سوف تصبحين ملكة عظيمة "
"Espero que el trono no disminuya vuestra virtud"
"أرجو أن لا يقلل العرش من فضيلتك "
Entonces el hada se volvió hacia las dos hermanas.
ثم توجهت الجنية نحو الأختين
"He visto dentro de vuestros corazones"
"لقد رأيت داخل قلوبكم "
"Y sé toda la malicia que contienen vuestros corazones"
"وأنا أعلم كل الحقد الذي في قلوبكم "
"Ustedes dos se convertirán en estatuas"
"سوف تصبحان تمثالين "
"pero mantendréis vuestras mentes"
"ولكن يجب أن تحافظوا على عقولكم "
"estarás a las puertas del palacio de tu hermana"
"ستقفين عند أبواب قصر أختك "
"La felicidad de tu hermana será tu castigo"
"سعادة أختك ستكون عقابك "
"No podréis volver a vuestros antiguos estados"
"لن تتمكن من العودة إلى حالتك السابقة "
"A menos que ambos admitan sus errores"
"ما لم يعترف كلاكما بأخطائه "
"Pero preveo que siempre permaneceréis como estatuas"
"لكنني أتوقع أنكم ستبقون تماثيلًا إلى الأبد "
"El orgullo, la ira, la gula y la ociosidad a veces se vencen"
"الكبرياء والغضب والشراهة والكسل يتم التغلب عليها في بعض الأحيان "
" pero la conversión de las mentes envidiosas y maliciosas son milagros"

"لكن تحويل العقول الحاسدة والخبيثة هو المعجزات"

Inmediatamente el hada dio un golpe con su varita.

على الفور قامت الجنية بضربه بعصاها

Y en un momento todos los que estaban en el salón fueron transportados.

وفي لحظة تم نقل كل من كان في القاعة

Habían entrado en los dominios del príncipe.

لقد ذهبوا إلى ممتلكات الأمير

Los súbditos del príncipe lo recibieron con alegría.

واستقبله رعية الأمير بفرح

El sacerdote casó a Bella y la bestia

تزوج الكاهن من الجميلة والوحش

y vivió con ella muchos años

وعاش معها سنوات طويلة

y su felicidad era completa

وكانت سعادتهم كاملة

porque su felicidad estaba fundada en la virtud

لأن سعادتهم كانت مبنية على الفضيلة

El fin
النهاية

www.ingramcontent.com/pod-product-compliance
Lightning Source LLC
Chambersburg PA
CBHW011555070526
44585CB00023B/2617